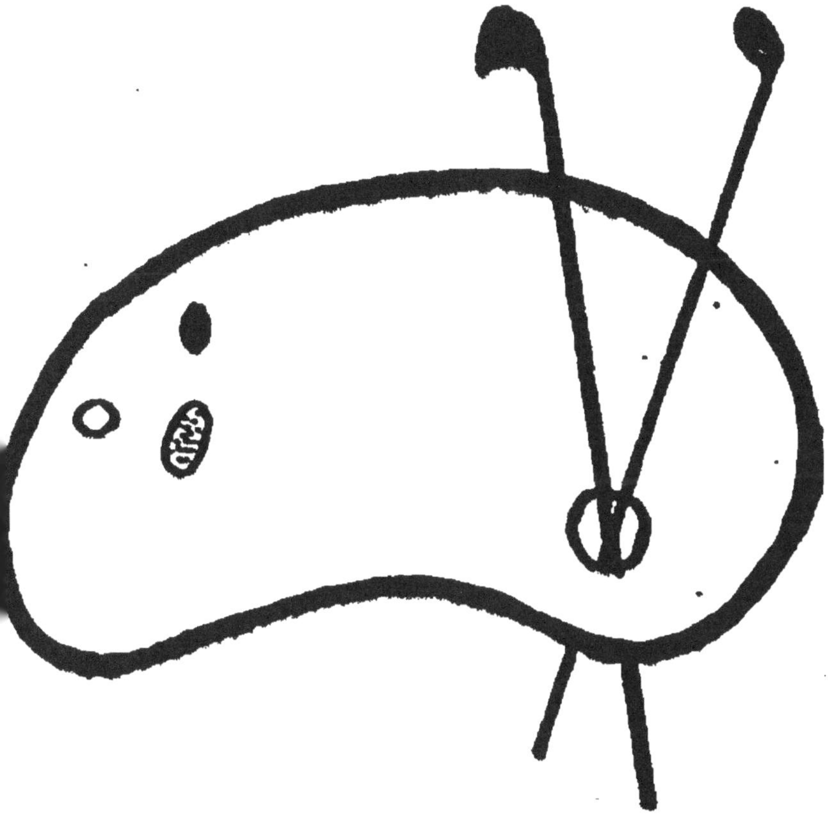

DEBUT D'UNE SERIE DE DOCUMENTS
EN COULEUR

# L'ESCLAVAGE AFRICAIN

PAR

THEODORE DE KORWIN SZYMANOWSKI

Prix : Cinquante Centimes

PARIS
IMPRIMERIE ADOLPHE REIFF
3, Rue du Four, 3

1891

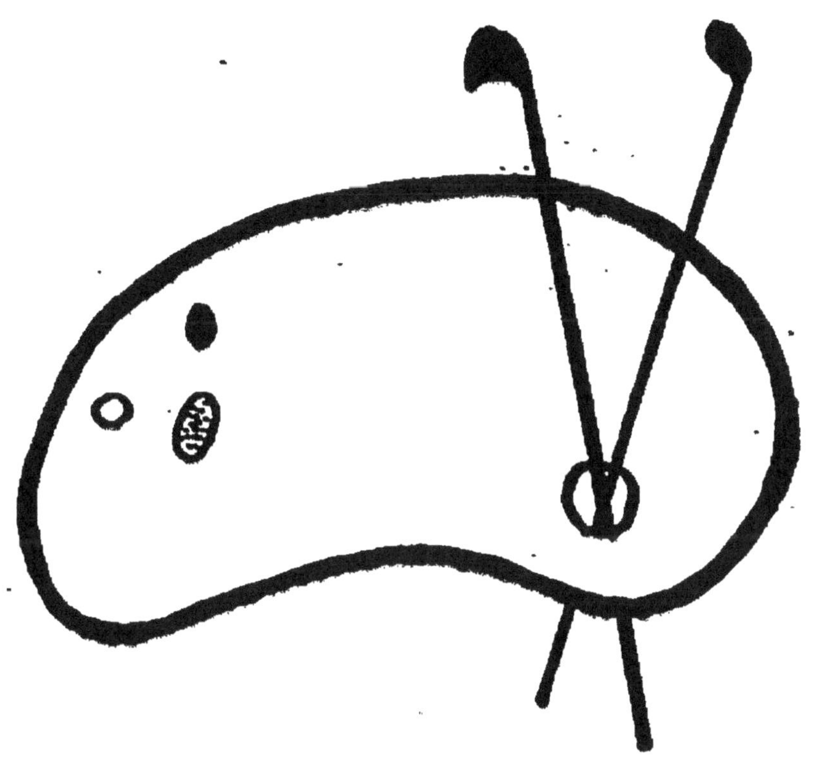

FIN D'UNE SERIE DE DOCUMENTS
EN COULEUR

# L'ESCLAVAGE
# AFRICAIN

PAR

THEODORE DE KORWIN SZYMANOWSKI

Prix : Cinquante Centimes

PARIS
IMPRIMERIE ADOLPHE REIFF
3, Rue du Four, 3

1891

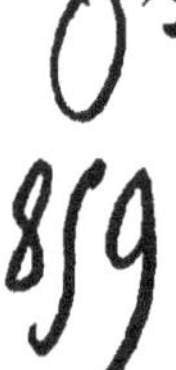

Il semblerait que la superbe créature de l'homme est appelée, indéfiniment, à combattre le vice et à faire régner la vertu !

Il semblerait que la loi du travail et du progrès devrait nous faire parvenir à l'établissement d'une merveilleuse organisation sociale et à la création de magnifiques ordres religieux que travailleraient à la félicité de tout le genre humain !

Il le semblerait !

Nos innovations, cependant, irritent la Providence fatiguée de notre orgueil ; pourquoi donc l'irriter davantage ; pourquoi créer de nouveaux ordres ?

Serait-ce pour prétexter la suppression des anciens et l'abolition de l'œuvre des saints ?

Les grandes congrégations avilies par l'humanité civilisée, réclament leur réinstallation !

Pourquoi ne pas engager l'ordre des Chevaliers de Malte à prendre souci de différentes questions morales et sociales qui nous préoccupent et présentement de l'esclavage africain ?

Les Chevaliers, néanmoins, à eux seuls ne pourront vaincre toutes les difficultés si le monde civilisé ne les accompagne dans ces déserts, déserts peuplés cependant !

La civilisation et le commerce européen propagent, soutient-on, le désœuvrement et le vice même ; Eh bien, guérissons le mal par le mal ; opposons les voies par lesquelles le commerce européen tend à parvenir à une vie désœuvrée et luxurieuse, aux voies par lesquelles mahométans tandent à à approvisionner leurs harems !

Il faut, cependant, mettre au grand jour les bénéfices que retirerait l'industrie européenne du commerce avec l'Afrique Centrale, pour faire bouger le capital européen, car, aujourd'hui, les richards israélites abandonnent volontiers les intérêts sémites pour ne pas se déranger ; — les maçons se soucient peu de leur secte si elle vient inquiéter la mollesse de leur vie ; — la haine, cette passion si vivante, depuis le péché originel, fait place par paresse à l'indifférence, et notre apathie universelle déroute le démon même ; les hommes donc de bonne volonté ne peuvent aboutir à leurs fins, qu'en se servant de tous les moyens licites et loyaux qu'ils ont sous la main.

Pour combattre ce triste esclavage, servons-nous :

I°. — Des efforts des missionnaires, et des Chevaliers de Malte.

Il est indiscutable qu'aucune nation n'est en état de fournir un aussi grand contingent d'hommes à sacrifice que la nation française !

Cela tient, probablement, à la haute culture des Français, car la civilisation hâte tout ; l'existence, les passions, les crimes, aussi bien que le développement moral et intellectuel, l'esprit de sacrifice, et la perfection !

Mais il faut avouer, aussi, qu'aucun monarque en Europe n'est en état, aujourd'hui, de faire marcher la plus grande partie de ses sujets, à une entreprise quelconque, avec autant d'âme, que l'Empereur de Russie.

S'il n'était, cependant pas pratique, de prêcher une croisade pour soulager les nègres de l'Afrique, car ce serait l'anticipation d'une guerre à outrance avec le Mahométanisme, il serait, peut-être, utile de prier l'Empereur Alexandre III de vouloir bien redevenir Grand Maître des Chevaliers (1) de Malte, et d'engager ses Chevaliers de se sacrifier, pour

(1) L'Empereur de Russie Paul I a été grand-Maître des chevaliers de Malte. — On connait bien à Saint-Pétersbourg la chapelle des Chevaliers de Malte, où, les Ambassadeurs catholiques, vont, de préférence, faire leurs dévotions. — La dignité du grand-

le moment, à la cause des malheureux nègres de l'Afrtque Centrale !

L'appel de toutes les églises chrétiennes sont les étendards de la chevalerie répondrait à l'union que notre église exalte à si juste titre ; le concours solidaire des Chevaliers chrétiens pour soulager leur prochain, serait un gage d'amour et de paix pour l'humanité civilisée.

La création, enfin, d'une puissance chrétienne, au sud des pays mahométans, répondrait admirablement aux intérêts de l'Angleterre et de la Russie.

II°. — Servons-nous des intérêts économiques et politiques, que pourraient avoir les gouvernements européens en s'associant dans un but colonial pour l'exploitation de l'Afrique Centrale.

Il serait facile de délimiter les régions des

Maître d'un ordre chrétien peut-être hautement portée par cette dynastie, qui n'a jamais eu de représentants dans les sociétés maçonnes !

colonies européennes, et les régions du pays des nègres de l'Afrique Centrale où les gouvernements associés de l'Europe viendraient, d'une part apporter le commerce et la civilisation, de l'autre l'appui contre les négrophobes mahométans.

Une rente perpétuelle, garantie par les gouvernements associés, et placée chez les capitalistes européens, permettrait l'établissement d'une Banque Gouvernementale internationale des colonies.

Les sièges de la Banque des Colonies établis en Afrique dirigeraient l'exploitation, ses succursales, établies en Europe, s'occuperaient du placement des matières premières, et de tous les produits de l'exploitation qui pourraient être affranchis des droits d'entrée dans les limites des pays associés.

Les similitudes climatériques rendent l'importation américaine hostile à certains pays de l'Europe ; l'importation de l'Afrique Centrale, au contraire, loin de faire concurrence à l'Europe, donnera un nouvel essor à l'industrie européenne, et coopérera à l'extension du bien-être.

Des résidences diplomatiques près les sièges de la Banque des Colonies, en Afrique Centrale, donneraient tout appui aux commerçants européens aux missionnaires et aux Chevaliers de Malte, qui empêcheraient éventuellement nos commerçants de pactiser avec les esclavagistes et les madhistes (1).

III°. — Servons-nous, enfin, du concours des commerçants européens particuliers, qui ne manqueront pas de déboucher dans ces pays sous les auspices des étendards européens, comme ils le font au Brésil et ailleurs.

(1) A force de parler de la solidarité des gouvernements en matière économique et financière on réussira, peut-être, attirer l'attention des hommes d'états sur ce sujet. — Les différents projets que j'ai passés à nos hauts fonctionnaires du ministère des finances sur l'acceptation du franc pour unité monétaire, portent leurs fruits; on parle beaucoup de l'abolition du rouble qu'on remplacerait par l'unité du franc, — de combien alors serions ous plus économes.

Le dragon du commerce et de la civilisation se nourrit de préférence de l'âme humaine, il goûte moins la chair, il n'aimera pas voir l'intelligente machine de l'homme, le nègre, disparaître sous les fouets des Mahométans.

C'est au centre de l'Afrique qu'il faut diriger les intérêts commerciaux des européens.

Un second transatlantique et l'ogre à chair humaine est coupé en deux (1).

L'Europe présente, aujourd'hui, peu de bénéfices aux sémites, leur humeur belliqueuse seule leur fournit des millions, par nos guerres intestines, qu'ils ne désapprouvent pas; l'étendard européen, en Afrique, les engage-

(1) On se trompe en avançant que l'Afrique a trop peu de besoins pour devenir jamais une cliente sérieuse de nos manufactures, et qu'elle a un climat atroce et des conditions générales d'existence qui ne poussent pas à la Colonisation, car d'abord la Monogénie ou l'unité de l'espèce humaine, une fois établie, on sait, que la civilisation crée chez tous les hommes les mêmes besoins, et puis il y a des conditions climatériques bien plus dures dans certains pays du nouveau monde, que la civilisation a rendus parfaitement habitables.

rait peut-être, en partie du moins, à tourner leurs regards vers les sources du Nil, vers l'ivoire, la nacre, le caoutchouc, les produits chimiques, la plumasserie, les fourrures, etc., etc., etc.

Il faut combattre sur toute la ligne!

Tout combat loyal rapporte des fruits, n'obtenant même pas immédiatement la victoire!

Il faut combattre sur toute la ligne, car avant que nous ne formions un seul troupeau et un seul pasteur, les hommes de bien seront la quintessence de l'humanité, ils seront, par conséquent, les moins nombreux, et on ne pourra les opposer numériquement au rebut de la société; il s'en suit que les chevaliers de Malte ne peuvent être aujourd'hui assez nom- pour réprimer, à eux seuls, les crimes des esclavagistes africains.

Il faut combattre sur toute la ligne:

Car lorsqu'un des premiers lettrés du siècle écrit cette phrase: « Si telle circonstance acci-
« dentelle ne s'était point présentée, Juda au-
« rait eu le sort d'Israel, il se serait fondu en

« Orient, le christianisme n'aurait pas exis-
« té ».

Comment peut-on compter sur la charité chrétienne lorsqu'on taxe d'accident la prédication de l'évangile (1) ?!

Il faut combattre sur toute la ligne, car quelle peut être la probabilité qu'un siècle, armé de pied en cap, veuille avoir la grandeur d'épouser, malgré sa force, les intérêts d'une œuvre juste.

(1) Je n'attaque pas le talent de l'éminent homme de lettres, mass j'attaque la profondeur de son jugement. — Tout profond philosophe remarque, en effet, des préceptes contre nature dans toutes les religions du globe, seule la morale chrétienne en est exempte, il serait donc spirituel de supposer qu'elle a été dictée par le Créateur de la nature.

Je résume ; un des remèdes les plus efficaces contre les malheurs du nègre de l'Afrique Centrale, est l'établissement d'une Banque internationale, gouvernementale et des Colonies, pour l'exploitation des produits du centre de l'Afrique.

D'ailleurs les guerres nationales européennes feront place bientôt aux guerres économiques ; une union économique financière des gouvernements pallierait les conséquence de ces crises pénibles pour l'humanité et serait le germe d'une force financière gouvernementale qui pourrait, un jour, couper court aux différents maux sociaux.

THÉODORE DE KORWIN SZYMANOWSKI.

*Décembre 1890.*

PARIS
IMPR. A. REIFF, 3, RUE DU FOUR
1890

2/2

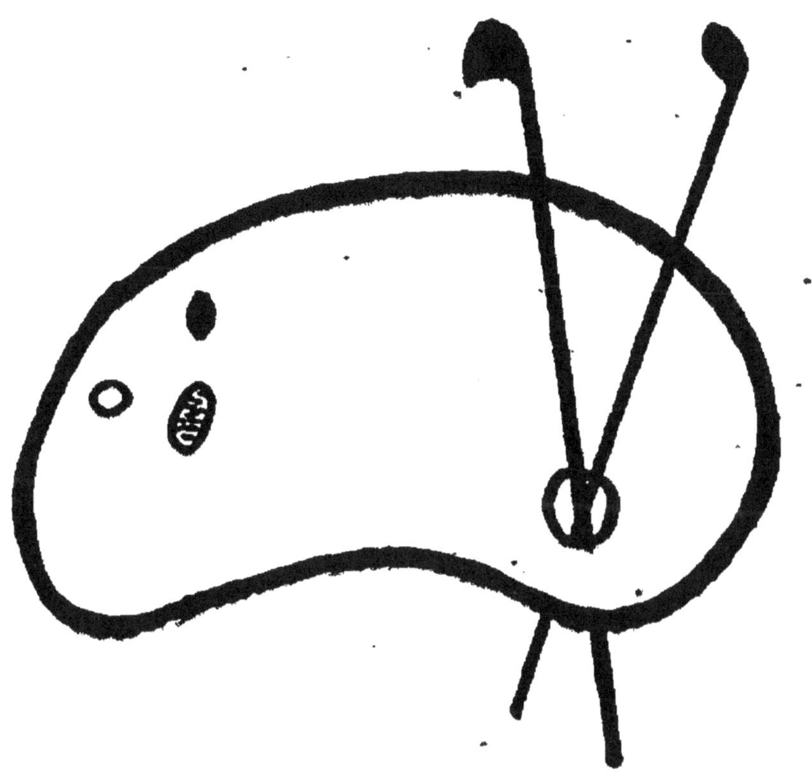

www.ingramcontent.com/pod-product-compliance
Lightning Source LLC
LaVergne TN
LVHW020454230826
846091LV00008BA/3206

* 9 7 8 2 0 1 3 5 8 7 5 1 8 *